15 Mars 1886.

VENTE
FÉLIX WILLEMS

BEAUX

OBJETS D'ART

ET DE

RICHE AMEUBLEMENT

Époques et styles

XVIe & XVIIIe SIÈCLES

Mᵉ ESCRIBE	M. A. BLOCHE
COMMISSAIRE-PRISEUR	EXPERT
6, rue de Hanovre, 6.	23, rue Chauchat, 23.

HONO ADDITUS NATURA
IMPRIMERIE DE L'ART

CATALOGUE

DES

BEAUX OBJETS D'ART

ET DE

RICHE AMEUBLEMENT

ÉPOQUES ET STYLES RENAISSANCE ET XVIIIe SIÈCLE

Porcelaines de Sèvres, Saxe, Chine et Japon, montées et non montées
Faïences françaises, italiennes et hollandaises
Beaux émaux cloisonnés, Bronzes d'art et d'ameublement
Jolies glaces, Laques du Japon, Bois sculptés
Objets de vitrine et de curiosité, Argenterie, Bijoux, Armes

BEAUX MEUBLES EN BOIS SCULPTÉ XVIe SIÈCLE

Lit complet en tapisserie au petit point Louis XIV

Meubles en bois de luxe ornés de bronzes dorés
Louis XIV, Louis XV et Louis XVI

SCULPTURES, MARBRES, TERRES CUITES

BELLES TAPISSERIES — ÉTOFFES

Tableaux anciens et modernes

Appartenant à M. Félix Willems

ET DONT LA VENTE AURA LIEU

Par suite de cessation de commerce

HOTEL DROUOT, SALLE N° 1

Les Lundi 15, Mardi 16, Mercredi 17, Jeudi 18 et Vendredi 19 Mars 1886

A DEUX HEURES

Me ESCRIBE	**M. A. BLOCHE**
COMMISSAIRE-PRISEUR	EXPERT
6, rue de Hanovre, 6.	23, rue Chauchat, 23.

EXPOSITIONS

PARTICULIÈRE	PUBLIQUE
Le Samedi 13 Mars 1886	**Le Dimanche 14 Mars 1886**
De 1 heure 1/2 à 5 heures 1/2.	De 1 heure à 5 heures.

Le Présent Catalogue se distribue à

Paris	Chez Me Escribe, commissaire-priseur, 6, rue de Hanovre.
	M. A. Bloche, expert, 23, rue Chauchat.
	M. F. Willems, 33, rue Joubert.
Londres . . .	M. G. Donaldson, 106, New Bond Street.
Bruxelles . . .	M. Th. Stroobants, 9, boulevard d'Anvers.
Francfort . . .	M. M. Lœwentein, 4, Kaiserstrasse.

CONDITIONS DE LA VENTE

La vente sera faite au comptant.

Les acquéreurs payeront *cinq pour cent* en sus des enchères, applicables aux frais.

L'exposition mettant le public à même de se rendre compte de l'état des objets, aucune réclamation ne sera admise une fois l'adjudication prononcée.

Paris. — Imp. de l'Art. E. Ménard et J. Augry, 41, rue de la Victoire.

DÉSIGNATION DES OBJETS

MEUBLES

1 — Très belle table rectangulaire en bois de noyer sculpté de style Louis XIV.

Elle est supportée par quatre pieds en forme de pilastres se terminant par des enroulements et alliés par un croisillon avec vase au centre supporté par des volutes, le bandeau à dessin d'acanthes présente, sur chaque face principale, une tête de femme, encadrée de feuillages, et sur les côtés des coquilles se détachant en ressaut. Dessus en mosaïque de prisme d'améthystes, encadré de marbre bleu turquin.

Travail remarquable, inspiré des cartons de Bérain.

Long., 1 m. 60 cent.; larg., 82 cent.; haut., 85 cent.

2 — Très jolie vitrine en bois de noyer sculpté, style Louis XIV.

Elle est d'aspect architectural, s'ouvrant à un battant; le fronton cintré offre une tête d'ange surmontée d'une coquille supportée par deux dragons ailés. Les montants présentent une suite de chutes de fleurs avec rosaces au centre et couronnés de petits chapiteaux. Elle pose sur une console supportée par quatre pilastres à enroulements et ralliés par un croisillon avec vase au centre et volutes. Le bandeau à petits dessins d'acanthes présente sur le devant, en ressaut, une coquille et des feuillages enroulés.

Joli travail inspiré des cartons de Bérain.

Larg., 87 cent.; haut., 1 m. 90 cent.

3 — Beau bureau de forme Louis XIII en marqueterie de bois de couleur et naturel, représentant des vases de fleurs, des oiseaux et des rinceaux feuillagés.

Larg., 1 m. 14 cent.; haut., 81 cent.

4 — Jolie vitrine en bois d'acajou moucheté ornée de bronzes dorés, style Louis XVI, s'ouvrant à un battant sur le devant et sur les côtés cintrés à deux portes. Elle est supportée par une console, décorée de marqueterie de bois, dessin quadrillé à filets ; dessus en marbre blanc, avec galerie en bronze doré.

Larg., 1 mètre; haut., 1 m. 55 cent.

5 — Bureau bonheur du jour, en bois d'acajou moucheté et ciré, style Louis XVI, orné d'incrustations de filets de cuivre, d'ébène et garni de cannelures et de moulures en cuivre. Dessus en marbre bleu turquin avec galerie en cuivre.

Larg., 78 cent.; haut., 1 m. 23 cent.

6 — Jolie vitrine en bois d'acajou moucheté, style Louis XVI, ornée de bronzes ciselés et dorés, et de marqueterie de cuivre et d'ébène à filets, avec colonnettes détachées et cannelées de chaque côté. Dessus en marbre brocatelle d'Espagne avec galerie en bronze doré.

Larg., 94 cent.; haut., 1 m. 32 cent.

7 — Vitrine en bois de noyer incrusté d'ivoire et de burgau (travail dit certosine), représentant des mosaïques à carrelages étoilés. Elle s'ouvre à deux battants, les côtés en pans coupés sont incrustés de cuivre sur fond d'ébène et surmontés de consoles à volutes couronnées par des têtes de femmes en bois sculpté.

L'intérieur et les tablettes sont garnis en drap rouge avec passementeries assorties.

Travail en partie ancien.

Haut., 1 m. 60 cent.; larg., 1 m. 10 cent.

8 — Deux belles torchères en bois sculpté partie bronzées, partie dorées, aux ors de couleurs, formées par des cariatides de femmes. Allégories du Printemps et de l'Automne, portant des corbeilles et dont le corps se perd dans des gaines à lambrequins et draperies de style Louis XIV.

Haut., 1 m. 75 cent.

9 — Très joli coffret à bijoux en forme de monument, tout plaqué d'écaille de l'Inde et enrichi de

bas-reliefs en argent repoussé représentant le Triomphe d'Amphitrite, les Saisons, Flore et Zéphyr, etc.

Monture en argent, époque Louis XIII.

Long., 43 cent.; haut., 22 cent.

10 — Table rectangulaire en marqueterie de bois naturel et de couleurs, décoré de dessins à corbeilles de fleurs, mascarons et enroulements; elle s'ouvre à deux tiroirs, forme bureau, le piétement est rallié par un croisillon. Style Louis XIII.

Haut., 71 cent.; long., 1 m. 20 cent.; larg., 76 cent.

11 — Beau meuble-dressoir en poirier noirci et application d'ébène gravé, intérieur en acajou. Les étagères, à fond de glaces biseautées, sont supportées par des consoles; il s'ouvre sur le devant à deux portes de côtés et le milieu à jour est garni d'une glace au fond; poignées et charnières en cuivre poli. Style anglais Louis XIII.

Larg., 1 m. 60 cent.; haut., 1 m. 82 cent.

12 — Très joli meuble bahut s'ouvrant à deux portes en bois de noyer ciré, dessin à jeu de marqueterie, richement orné d'encadrements, d'appliques, de chutes et de moulures en bronze doré. Style Louis XIV.

Larg., 94 cent.; haut., 1 m. 26 cent.

13 — Deux très jolies vitrines s'ouvrant à deux portes, en bois de noyer ciré, dessin à jeu de marqueterie, richement orné d'encadrements, d'appliques, de chutes et de moulures en bronze doré. Style Louis XIV.

Haut., 1 m. 63 cent.; larg., 77 cent.

14 — Beau meuble à deux corps en noyer sculpté, style Renaissance; les quatre battants offrent des groupes mythologiques, les montants représentent des mascarons et des armements en chutes; surmonté d'un fronton, dessin à rosaces.

Remarquable d'exécution.

Larg., 1 m. 20 cent.; haut., 2 m. 20 cent.

15 — Deux colonnes rondes en bois d'acajou, ornées de cannelures et de moulures de cuivre. Époque Louis XVI.

Haut., 1 m. 10 cent.; diam., 28 cent.

16 — Deux grands fauteuils en bois sculpté et doré, époque Louis XIV, couverts en ancienne soierie brochée.

17 — Très joli petit secrétaire en bois d'acajou moucheté, richement orné de bronzes ciselés et dorés avec dessus en marbre brocatelle d'Espagne. Galerie en bronze doré. Style Louis XVI.

Haut., 1 m. 29 cent.; larg., 61 cent.

18 — Deux jolies tables à jeu en bois rose et palissandre, décorées de bouquets de fleurs en marqueterie de bois naturel et de couleur, ornées de bronzes dorés, Louis XV.

Larg., 85 cent.; haut., 72 cent.

19 — Très joli bureau cylindre en bois d'acajou, décor quadrillé en marqueterie, orné de bronzes ciselés et dorés, perlé, chainettes et draperies; dessus en marbre blanc avec galerie. Style Louis XVI.

Larg., 1 m. 5 cent.; profond., 63 cent.; haut., 1 m. 9 cent.

20 — Deux vitrines s'ouvrant à deux battants en laque aventurine avec socles fond noir, décor à rehauts d'or et d'argent, garnitures en cuivre argenté et gravé. Style japonais.

Larg., 1 mètre; haut., 1 m. 31 cent.

21 — Petite table à deux tiroirs, de forme rectangulaire, en bois d'acajou, orné de filets de cuivre. Style Louis XVI.

Long., 97 cent.; larg., 55 cent.; haut., 74 cent.

22 — Très belle vitrine à trois portes, en bois des îles, richement incrustée de burgau, décor représentant des dragons, des papillons, des fleurs et des feuillages, avec colonnes détachées, ornée de cannelures et de moulures en cuivre; dessus en

marbre brèche de Sardaigne rouge veiné de blanc.

Larg., 1 m. 40 cent.; haut., 1 m. 48 cent.

23 — Petite table à ouvrage, de forme rectangulaire, en bois d'acajou moucheté, ornée d'incrustations de filets de cuivre et d'ébène, d'encadrements, de draperies, de perlés et de cannelures de cuivre; l'intérieur est à compartiments et le fond garni d'une glace biseautée. Style Louis XVI.

Long., 60 cent.; larg., 40 cent.; haut., 71 cent.

24 — Petit bureau à dos d'âne en laque noir à rehauts d'or et de couleur, représentant des volatiles dans un paysage. Style japonais.

Larg., 65 cent.; profond., 40 cent.; haut., 91 cent.

25 — Très beau meuble Contador à corps plein, s'ouvrant à nombreux tiroirs, tout incrusté de bois et d'ivoire, orné d'un cloutage de cuivre, avec garnitures, poignées et appliques de serrures en cuivre repercé et doré, XVIe siècle.

Larg., 1 m. 10 cent.; profond., 58 cent.; haut., 1 m. 58 cent.

26 — Jolie console à étagères en bois d'acajou moucheté, ornée d'appliques à vases de fleurs, de perlés et de moulures en bronze doré. Dessus en marbre bleu turquin avec galerie en cuivre. Époque Louis XVI.

Larg., 1 m. 28 cent.; haut., 92 cent.

27 — Deux belles vitrines d'aspect architectural, en bois de noyer et d'ébène incrusté d'ivoire et de burgau. Travail dit *certosine*. Les battants centraux représentent une place devant une ville forte, animée de figures et de cavaliers : composition d'après Albert Dürer. Les côtés sont garnis de glaces à l'intérieur comme à l'extérieur. Posant sur une console avec pieds en forme de cariatides et ralliés par un croisillon. Style Renaissance.

Larg., 1 m. 22 cent.; haut., 1 m. 68 cent.

28 — Beau meuble d'appui s'ouvrant à deux portes, en bois des îles, avec panneau et frises ornés d'incrustations d'ivoire gravé et de burgau, travail dit *certosine*. Chaque battant représente des allégories aux travaux de la terre. Dessus en marbre brèche de Sardaigne rouge veiné de blanc.

Larg., 1 m. 16 cent.; haut., 1 m. 24 cent.

29 — Petit bureau de forme bombée, style Louis XV, en marqueterie à fleurs sur fond de bois rose.

Larg., 65 cent.; haut., 90 cent.

30 — Très beau meuble-cabinet s'ouvrant à deux portes, en bois d'ébène guilloché et écaille de l'Inde. Intérieur garni de nombreux tiroirs. Posant sur une console à quatre pilastres, avec traverses de même travail. Époque Louis XIII.

Larg., 1 m. 38 cent.; haut., 1 m. 90 cent.

31 — Meuble-cabinet de travail portugais, époque Louis XIII, en bois de palissandre noirci, tout garni de tiroirs, orné d'applications de cuivre découpé avec piétement tors à frises richement sculpté.

Larg., 1 m. 5 cent.; haut., 1 m. 55 cent.

32 — Deux torchères formées par des statues : allégories du Printemps et de l'Été, en bois sculpté décoré et rehaussé d'or. Style Louis XIII.

Haut., 1 m. 45 cent.

33 — Meuble-cabinet en bois de palissandre et d'ébène, partie cirée et guillochée; piétement à pilastres. Travail portugais. Époque Louis XIII.

Larg., 1 m. 5 cent.; haut., 1 m. 47 cent.

34 — Bibliothèque en chêne sculpté, garnie dans le bas de panneaux anciens décorés en bas-relief. Fond garni de tenture rouge.

Larg., 1 m. 43 cent.; haut., 2 m. 25 cent.

35 — Lit de milieu Louis XVI, en bois sculpté rechampi de vert et rehaussé d'or avec fronton, représentant un trophée de torches et de carquois et colonnettes surmontées de panaches.

Larg., 1 m. 35 cent.; long., 2 mètres.

36 — Joli secrétaire en marqueterie de bois de luxe,

époque Louis XVI, orné de bronzes ciselés et dorés, avec dessus en marbre brèche d'Italie.

Larg., 83 cent.; haut., 1 m. 40 cent.

37 — Belle table à tréteaux en marqueterie de bois d'olivier, sur fond d'ébène. Époque Louis XIII.

Long., 1 m. 50 cent.; larg., 80 cent.; haut., 80 cent.

38 — Bibliothèque s'ouvrant à deux portes en bois d'acajou moucheté, à colonnes détachées, ornée de cannelures et de moulures de cuivre. Style Louis XVI.

Larg., 75 cent.; haut., 1 m. 75 cent.

39 — Chiffonnier en bois d'acajou orné de filets de cuivre; dessus en marbre blanc avec galerie. Époque Louis XVI.

Larg., 60 cent.; haut., 1 m. 22 cent.

40 — Jolie psyché à glace biseautée, en bois de noyer finement sculpté et rehaussé d'or, avec fronton orné d'un trophée et de guirlandes de fleurs. Style Louis XVI.

Larg., 95 cent.; haut., 1 m. 85 cent.

41 — Petite table de forme dite *rognon*, en marqueterie de bois palissandre sur fond de bois rose; ornée de moulures et d'une galerie en cuivre. Style Louis XVI.

Larg., 55 cent.; haut., 80 cent.

42 — Jolie petite table de nuit, forme ovale, en bois de citronnier et de thuya, ornée dessus d'un vase de fleurs et de rinceaux en marqueterie de bois, garnie de chutes, d'encadrements et de galeries en bronze ciselé et doré. Style Louis XVI.

Larg. 50 cent.; haut., 75 cent.

43 — Table de nuit, forme ovale, en bois d'acajou moucheté, garnie de chutes, d'encadrements et de galeries en bronze ciselé et doré. Style Louis XVI.

Larg., 50 cent.; haut., 72 cent.

44 — Table à ouvrage, forme ovale, en bois d'acajou moucheté richement orné de bronzes ciselés et dorés. Style Louis XVI.

Larg., 50 cent.; haut., 72 cent.

45 — Petit bureau cylindre en bois d'acajou moucheté, tout garni de tiroirs à l'intérieur, orné d'incrustations à filets de cuivre, de moulures et d'une galerie; dessus en marbre rose fleuri. Style Louis XVI.

Larg., 72 cent.; haut., 1 m. 5 cent.

46 — Table chiffonnière à quatre faces bombées, en bois de violette et marqueterie à fleurs ; dessus en marbre rose fleuri avec sabots et galerie en bronze poli. Style Louis XV.

Larg., 40 cent.; haut., 78 cent.

47 — Table de nuit, forme ronde, en bois de violette, décor à marqueterie de fleurs, avec dessus et tablette d'entre-jambes en marbre rose fleuri, garnie de bronzes avec galerie de cuivre.

Diam., 37 cent.; haut., 77 cent.

48 — Petite table tricoteuse en bois des iles.

Diam., 32 cent.; haut., 60 cent.

49 — Petite table-bureau à deux tiroirs, en bois d'acajou moucheté, ornée de moulures et de cannelures de cuivre. Style Louis XVI

Larg., 55 cent.; long., 85 cent.; haut., 72 cent.

50 — Grand fauteuil Louis XIV en noyer sculpté, couvert en ancien brocart d'argent à fleurs.

51 — Deux meubles-vitrines à deux corps, en bois noir, ornés d'incrustations d'ivoire, à colonnes, intérieurs garnis en drap rouge.

Larg., 1 m. 5 cent.; haut., 2 m. 20 cent.

52 — Petite table, forme cœur, style Louis XV, en marqueterie de bois de violette et de palissandre, avec bordure en cuivre, sabots en bronze doré, dessin rocaille. Intérieur gainé de satin rouge, garni d'une glace et s'ouvrant à un tiroir à secret.

Haut., 74 cent.

53 — Table ronde, style Louis XV, bois de palissandre et satiné, décorée d'oiseaux et de branchages en marqueterie ; gainé de satin rouge à l'intérieur, garnie d'une glace et s'ouvrant à un tiroir.

Haut., 74 cent.

54 — Beau bahut en noyer sculpté, s'ouvrant à deux portes, offrant en bas-relief des médaillons à armoiries dans des cartouches à mascarons et ornements de la Renaissance. Les montants forment pilastres et les côtés sont ornés de sculptures en bas-relief.

Long., 1 m. 80 cent.; haut., 1 m. 4 cent.

55 — Table rectangulaire du temps de Louis XIII, en bois d'olivier, richement ornée d'incrustations de bois naturel, décor à arabesques, élevée sur quatre pieds ralliés par un croisillon.

Long., 1 m. 28 cent.; larg., 63 cent.; haut., 78 cent.

56 — Deux chaises à haut dossier en cuivre repoussé et garnies de gros clous en cuivre. Époque Louis XIV.

57 — Fauteuil en bois tors du temps de Louis XIII, couvert en velours rouge ciselé.

58 — Très belle table portugaise du temps de Louis XIII, s'ouvrant à deux tiroirs et bois de

palissandre sculpté et guilloché, élevée sur quatre pieds massifs rallies par des traverses.

Long., 1 m. 45 cent.; larg., 95 cent.; haut., 87 cent.

59 — Meuble-crédence en noyer, à colonnes détachées, modèle dit de Ducerceau. XVIe siècle.

Larg., 1 m. 18 cent.; haut., 1 m. 50 cent.

60 — Joli meuble-cabinet, dit *Contador*, tout en marqueterie de bois, avec garniture en cuivre découpé. Époque Louis XIII.

Larg., 86 cent.; haut., 1 m. 29 cent.

61 — Table rectangulaire en marqueterie de bois naturel et de couleur, dessin à fleurs, bordures incrustées d'ivoire avec pieds rallies par un X.

Long., 85 cent.; larg., 55 cent.; haut., 77 cent.

62 — Joli petit meuble-cabinet Contador, tout en incrustations de bois et d'ivoire, dessin mosaïque, avec appliques de serrures et poignées en cuivre du temps de Louis XIII.

Larg., 55 cent.; haut., 95 cent.

63 — Guéridon avec tablette d'entre-jambes, en bois d'acajou, orné de moulures et de filets de cuivre; dessus en marbre rouge veiné, avec galerie en cuivre. Époque Louis XVI.

Diam., 63 cent.; haut., 75 cent.

64 — Beau meuble à deux corps en bois sculpté, s'ouvrant à quatre portes, décoré de mascarons et d'ornements. Époque Henri II.

Larg., 1 m. 22 cent.; haut., 1 m. 92 cent.

65 — Très beau meuble-cabinet florentin, d'aspect monumental, en bois d'ébène, enrichi d'incrustations de lapis, de jaspe, porphyre et agate orientale, orné de filets d'étain. Piétement sculpté.

Larg., 1 m. 20 cent.; haut., 1 m. 84 cent.

66 — Grande et belle vitrine-bibliothèque en bois noir, incrustée de filets de cuivre, ornée de rosaces et d'écoinçons en bronze ciselé et doré. Époque Louis XIV.

Larg., 1 m. 30 cent.; haut., 2 m. 28 cent.

67 — Bureau bonheur-du-jour, en bois d'acajou, orné de filets en cuivre, avec portes garnies de glaces; dessus en marbre blanc, entouré d'une galerie. Style Louis XVI.

Larg., 80 cent.; haut., 1 m. 18 cent.

68 — Table à jeu en bois d'acajou, ornée d'incrustations de filets de cuivre, de cannelures et de moulures. Style Louis XVI.

Larg., 1 mètre; haut., 75 cent.

69 — Belle table en bois de noyer, richement ornée d'incrustations d'ivoire, d'étain, de burgau et de bois naturel, dessin mosaïque, offrant au centre un médaillon en ivoire gravé, représentant une allégorie à l'histoire de Christophe Colomb. Le piétement, à arcades, est formé, de chaque côté, de consoles feuillagées à jour accouplées sur une cariatide de femme se terminant en griffe de lion. Travail en partie du XVIe siècle.

Long., 1 m. 30 cent.; larg., 80 cent.; haut., 87 cent.

70 — Deux grands et beaux meubles à deux corps, Louis XVI, formant vitrine, s'ouvrant à portes pleines dans le bas, en bois d'acajou, ornés de cannelures, de moulures et d'encadrements de cuivre.

Larg., 1 m. 35 cent.; haut., 2 m. 50 cent.

71 — Chaise Louis XIII en cuir repoussé, garni de clous de cuivre.

72 — Support en bois de fer, sculpté à têtes chimériques; dessus en marbre. Travail chinois.

Haut., 64 cent.

73 — Deux tabourets-supports en bois de fer sculpté, dessus en marbre. Travail chinois.

Haut., 55 cent.

74 — Beau fauteuil en noyer sculpté, devant à jour, du temps de Louis XIII, couvert en soierie bleue brochée.

75 — Fauteuil en noyer sculpté, du temps de Louis XIII, couvert en soierie bleue brochée.

GLACES

76 — Très belle glace biseautée avec encadrement à fronton, à fond de glaces, tout en cuivre repoussé et découpé à jour, représentant des dauphins enlacés au milieu d'arabesques à fleurs lobées, et des bandes à feuillages et arabesques. Pièce remarquable de la fin du XVIe siècle. (Provenant selon toute probabilité du château de Pau).

Haut., 1 m. 50 cent.; larg., 1 mètre.

77 — Glace biseautée avec cadre à fronton tout en cuivre repoussé, offrant une alliance d'armoiries surmontée d'une couronne sur fond à rinceaux et guirlandes de fleurs. Bordures à mascarons et fleurs de lis. Époque Louis XIV.

Larg., 70 cent.; haut., 1 m. 35 cent.

78 — Petite glace biseautée et gravée aux initiales F H P L. Charmant encadrement à fronton en fer forgé et repoussé, partie dorée, verdie, et

point, représentant des fleurs, des rocailles et des enroulements. Époque Louis XIII.

Larg., 47 cent.; haut., 80 cent.

79 — Belle glace biseautée, dite dauphine, avec cadre à fronton à fond de glace, en bois finement sculpté et doré, représentant des trophées guerriers, des corbeilles de fleurs, des coquilles et des enroulements. Époque Régence.

Haut., 1 m. 65 cent.; larg., 80 cent.

80 — Grande glace à larges biseaux avec magnifique cadre en bois sculpté et doré; grands dessins à enroulements. Style florentin.

Haut., 1 m. 40 cent.; larg., 1 m. 25 cent.

81 — Très grande et magnifique glace avec encadrement d'aspect monumental en bois sculpté et doré à coquilles et rinceaux à jour se détachant sur fond de glaces. Époque Régence.

Haut., 2 m. 35 cent.; larg., 1 m. 35 cent.

82 — Deux glaces avec cadres en bois sculpté et doré, dessin rocaille. Époque Louis XV.

Haut., 1 m. 20 cent.; larg., 80 cent.

83 — Miroir biseauté avec cadre en bois noir et d'ébène guilloché et applications d'écaille. Époque Louis XIII.

Haut., 1 m. 15 cent.; larg., 1 mètre.

BOIS SCULPTÉS

84 — Très beau panneau offrant en bas-relief un vase de forme Louis XVI, rempli de fleurs se détachant en très haut-relief; d'une exécution remarquable. Travail français du temps.

Haut., 1 m. 20 cent.; larg., 85 cent.

85 — Beau panneau en noyer sculpté, représentant un vase de fleurs entouré et surmonté de rinceaux feuillagés et d'un trophée d'arcs et de flèches. Époque Renaissance.

Haut., 82 cent.; larg., 42 cent.

86 — Deux cadres en bois finement sculpté, Louis XVI, à fronton, décor à guirlandes de fleurs et festons de rubans.

Haut., 1 m. 70 cent.; larg., 90 cent.

87 — Deux petites consoles d'applique en bois sculpté et doré, dessin à coquilles Louis XIV.

88 — Petite console d'applique, bois sculpté et doré, modèle d'après Bérain. Époque Régence.

89 — Cadre rectangulaire en bois sculpté et doré, décor à guirlandes de fleurs et feuillages.

Haut., 66 cent.; larg., 75 cent.

90 — Petit cadre en bois sculpté et doré, dessin à volutes enroulées.

91 — Petit cadre ovale en bois sculpté, dessin à feuille d'acanthe et chaînettes. Époque Louis XVI.

92 — Petit cadre rectangulaire en bois finement sculpté et à jour, décor à fleurs et coquilles. Époque Louis XIV.

93 — Petit cadre rectangulaire en bois sculpté et doré. Style Louis XIV.

94 — Petit cadre rectangulaire en bois sculpté. Époque Louis XVI.

95 — Petite croix en bois finement sculpté sur toutes ses faces, représentant des scènes de la Passion. Travail du xve siècle.

96 — Deux supports en bois sculpté et doré, formés de cariatides de griffons ailés tenant des guirlandes de fleurs, dessus en marbre brèche. Renaissance italienne.

BRONZES D'ART

97 — Belle statue équestre en bronze représentant Henri IV à cheval, finement ciselée, rehaussée

d'or par partie. Socle en bois d'ébène et incrustations de cuivre sur fond d'écaille de l'Inde, richement monté en bronze doré.

Haut., 64 cent.; larg., 52 cent.

98 — Deux beaux groupes en bronze représentant des fleuves, figures allégoriques, d'après Jean de Bologne.

Haut., 45 cent.; larg., 32 cent.

99 — Deux jolis bustes en bronze fondu à cire perdue, de *Righetti de Rome*. Signés et datés 1793.

Haut., 33 cent.

BRONZES D'AMEUBLEMENT

100 — Très belle pendule de forme Louis XIV, en bronze ciselé et doré, monument à consoles ornées de volutes enroulées, couronnée par un brûle-parfums à anses têtes de lions, agrémentée de guirlandes de laurier. Cadran signé Brutfer.

Haut., 70 cent.; larg., 53 cent.

101 — Paire de girandoles à six lumières, en bronze ciselé et doré, décor d'après Bérain, ornées de pyramides, de plaquettes et d'étoiles en cristal taillé. Style Louis XIV.

Haut., 92 cent.

102 — Paire de beaux flambeaux en bronze ciselé et doré, formés de figures d'hommes et de femmes tenant des cornes d'abondance surmontées de lumières. Style Louis XIV.

Haut., 40 cent.

103 — Paire de jolis flambeaux en bronze ciselé et argenté, décor à guirlandes de lauriers, feuilles d'acanthe et chaînettes. Style Louis XVI.

Haut., 29 cent.

104 — Paire de jolis flambeaux, même modèle, en bronze ciselé et doré.

Haut., 29 cent.

105 — Belle pendule en marqueterie de cuivre sur fond d'écaille de l'Inde, ornée de bronzes dorés, cariatides de femmes, masques de fous et guirlandes de fleurs, couronnée par une figure de Renommée. Style Louis XIV.

Haut., 92 cent.

106 — Deux paires de flambeaux en bronze ciselé et doré, modèles à cariatides de femmes, médaillon à bustes de personnages, coquilles et lambrequins. Style Louis XIV.

Haut., 26 cent.

107 — Paire de flambeaux en bronze ciselé et argenté, mêmes modèles que les précédents.

108 — Paire de jolis petits candélabres à deux lumières, en bronze ciselé et doré au mat, forme dite Marie-Antoinette.

Haut., 20 cent.

109 — Pendule en marqueterie de cuivre sur fond d'écaille de l'Inde, ornée de bronzes dorés, couronnée par une figure de Mercure. Cadran signé *Lepaute*. Style Louis XIV.

Haut., 88 cent.; larg., 42 cent.

110 — Belle pendule forme monument, supportée par des amours, ornée de guirlandes de fleurs et de fruits, et couronnée par un trophée de musique en bronze finement ciselé et doré au mat. Style Louis XVI.

Haut., 55 cent.; larg., 60 cent.

111 — Paire de très beaux candélabres, formés de vases en jaspe Iékaterinenbourg avec anses et bouquets de lis en bronze doré. Style Louis XVI.

Haut., 75 cent.

112 — Jolie petite pendule, forme monument en marbre blanc avec figures de femme et d'enfant, ornements en bronze ciselé et doré. Époque Louis XVI.

Haut., 40 cent.; larg., 43 cent.

113 — Paire de beaux flambeaux en bronze doré,

décor à feuilles d'acanthe et perlés. Époque fin Louis XVI.

Haut., 30 cent.

114 — Deux jolies cassolettes en bronze ciselé et doré supportées par trois pieds de boucs et ornées de guirlandes de fleurs. Style Louis XVI. Sur socles en marbre blanc suivant les contours.

Haut., 29 cent.

115 — Pendule de forme dite *religieuse*, en marqueterie de cuivre, sur fond d'écaille de l'Inde, ornée de bronzes et couronnée par une figure de Renommée. Époque Louis XIV.

Haut., 80 cent.; larg., 33 cent.

116 — Pendule de forme dite *religieuse*, en bois noir, ornée de bronzes dorés avec mouvement à carillon. Époque Louis XIV.

Haut., 63 cent.; larg., 35 cent.

117 — Brûle-parfums tripode, en bronze ancien du Japon, avec anses chimériques; socle et couvercle en bois sculpté.

Haut., 30 cent.

118 — Deux jardinières en bronze du Japon supportées par trois têtes de chimères. Belle patine unie, décor de bandes à dessin de grecques.

Haut., 26 cent.

119 — Petit lustre en cristal de roche à six lumières, richement garni de guirlandes et de pendeloques ; monture en bronze, forme Louis XIV.

ÉMAUX CLOISONNÉS

120 — Paire de très beaux candélabres formés de vases en ancien émail cloisonné de Chine, fond blanc, décor en couleur, représentant des médaillons à paysages réservés sur fonds de différentes nuances, encadrés de papillons, de fleurs et d'entrelacs; montures en bronze doré avec socles à dauphins et bouquets de lis à cinq lumières. Style Louis XIV.

Haut., 96 cent.

121 — Belle jardinière rectangulaire en émail cloisonné de Chine, fond bleu turquoise rehaussé de poissons et de plantes aquatiques en couleur; monture à cage en bronze doré, supportée par quatre têtes d'éléphants et ornée d'anses formées de dragons.

Larg., 45 cent.; haut., 40 cent.

122 — Beau vase en ancien émail cloisonné de Chine, époque primitive, fond bleu turquoise, décor à arabesques en couleur, avec anses à anneaux mobiles et têtes de chimères.

Haut., 30 cent.

123 — Curieux petit écran en ancien émail cloisonné de Chine, représentant un paysage montagneux avec figures, sujet allégorique accompagné de sa légende; monture en bois sculpté.

Haut., 51 cent.

124 — Deux boites octogones en émail cloisonné de Chine, décor mosaïque.

Diam., 10 cent.

125 — Deux jardinières en émail cloisonné de Chine, fond noir, décor en couleur à chauves-souris et entrelacs; monture en bronze doré, anses formées de dragons ailés.

Haut., 15 cent.

126 — Deux petites jardinières en émail cloisonné de Chine, fond noir, décor à chauves-souris et entrelacs en couleur; monture en bronze doré genre bambou.

Haut., 12 cent.

127 — Deux petites potiches avec couvercles, forme mignonnette, en émail cloisonné très fin du Japon, décor à paysages, insectes et fleurs en couleur sur fond vert.

Haut., 12 cent.

128 — Cornet cylindrique en émail cloisonné du Japon, fond bleu, décor à éventails en couleur.

Haut., 16 cent.

PORCELAINES DE CHINE ET DU JAPON MONTÉES

129 — Paire de grandes et belles potiches avec couvercles en ancienne porcelaine du Japon, décorées de cartels à paysages et cigognes encadrés d'entrelacs, de fleurs et d'animaux. Les couvercles sont surmontés de chimères; décor en polychrome rehaussé d'or. Montées sur socles en bois sculpté et doré. Style Louis XIV.

Hauteur totale, 1 mètre.

130 — Paire de grands et beaux cornets en ancienne porcelaine de Chine de la famille verte, décorés de cortèges de guerriers et de fleurs. Monture en bronze doré. Style Louis XVI.

Haut., 55 cent.

131 — Deux grandes et belles vasques en ancienne porcelaine de Chine, décor rouge flambé; intérieur fond blanc, décor en bleu.

Montées sur deux jolis socles en bois sculpté et doré, formés de cariatides, de satyres, de rinceaux feuillagés et de coquillages. Style Louis XIV.

Hauteur totale, 65 cent.

132 — Grand et beau vase en porcelaine de Chine, teinte bronzée, décor par enlevages et gravures,

représentant des grecques, avec anses à têtes d'éléphants. Monté sur socle en bois sculpté à jour.

Hauteur totale, 65 cent.

133 — Jolie bouteille à col allongé en ancienne porcelaine de Chine, décorée sur la panse de paysages en émaux de couleur et autour du col d'une suite de feuilles d'eau en émaux de couleur sur fond à écailles de poissons et petits carrelages à dessin rouge. Monture en bronze doré. Style Louis XIV.

Haut., 42 cent.

134 — Jardinière en ancienne porcelaine du Japon, décor à cartel de fleurs avec encadrement fond gros bleu, polychrome rehaussé d'or. Monture élégante avec pieds à consoles en bronze ciselé et doré. Style Louis XIV.

Haut., 32 cent.

135 — Guéridon en ancienne porcelaine de Chine de la famille rose, décor à rosaces et fleurs; bordure mosaïque, le tout à rehauts d'or. Monture en bronze doré de style Louis XVI.

Haut., 72 cent.; diam., 47 cent.

136 — Guéridon vide-poche formé par un grand plat creux en ancienne porcelaine de Chine, décor à armoiries et fleurs à rehauts d'or. Monture en

bronze doré avec têtes de béliers et guirlandes de laurier. Style Louis XVI.

Haut., 75 cent.; diam., 45 cent.

137 — Choppe en ancienne porcelaine de Chine, décor à fleurs en bleu sur blanc. Monture en bronze ciselé et doré. Style Louis XVI.

Haut., 24 cent.

138 — Deux jardinières en ancienne porcelaine de Chine, gris craquelé ; montures en bronze doré de style Louis XVI.

Haut., 23 cent.

139 — Paire de jolis vases en ancienne porcelaine de Chine, fond gros bleu, rehaussé d'or, avec monture en bronze à chainettes. Style Louis XVI.

Haut., 32 cent.

140 — Deux très belles jardinières en ancienne porcelaine de Chine gris craquelé avec riches montures en bronze finement ciselé et doré dites à charnières, représentant des groupes de dauphins se détachant sur des cartouches à médaillons et cariatides d'amours. Style Louis XIV.

Haut., 18 cent.

141 — Deux jardinières hautes, en ancienne porcelaine de Chine gris craquelé. Montures en bronze doré. Style Louis XIV.

Haut., 24 cent.

142 — Paire de jolis vases en ancienne porcelaine de Chine, fond bleu clair, à médaillons et fleurs en émaux de couleur. Montures et couvercles en bronze finement gravé, repercé et doré, surmontés de chimères. Style Louis XIV.

Haut., 30 cent.

143 — Paire de vases en porcelaine de Chine craquelée, décor à personnages en bleu avec anses à têtes chimériques, teinte bronzée; montures en bronze doré. Style Louis XIV.

Haut., 55 cent.

144 — Deux vases à gorges développées, en porcelaine de Chine vert pâle uni. Montures en bronze doré. Style Louis XIV.

Haut., 24 cent.

145 — Paire de vases en porcelaine de Chine, fond rouge haricot avec montures en bronze doré, style chinois; à guirlandes de fleurs s'enroulant autour.

Haut., 45 cent.

146 — Jolie bouteille à panse aplatie, décor rouge rubis, ton rare, montée en bronze doré, ornée de dragons, pieds gravés. Style Louis XIV.

Haut., 31 cent.

147 — Joli brûle-parfums en ancienne porcelaine de

Chine, forme persane, décor gravé sous couverte d'émail gros bleu. Monture en bronze doré, pieds en forme de tortue et couronnement à chimères.

Haut., 33 cent.

148 — Jolie gourde en ancienne porcelaine de Chine, fond bleu uni avec anses à jour : monture en argent gravé. Style Louis XVI.

Haut., 36 cent.

149 — Jardinière en ancienne porcelaine de Chine de la famille verte, décor de dragon ; monture en bronze doré. Style Louis XIV.

Haut., 20 cent.

150 — Petite jardinière en ancienne porcelaine du Japon, décor en polychrome à rehauts d'or ; monture en bronze doré. Style Louis XIV.

Haut., 17 cent.

151 — Jardinière à quatre faces en ancienne porcelaine de Chine, décor à fleurs et rinceaux, encadrements à carrelages : monture en bronze doré.

Haut., 18 cent.

152 — Joli vase en ancienne porcelaine de Chine, décor bleu barbot avec dessin sous couverte ; monture en bronze doré à fleurs et feuillages.

Haut., 28 cent.

153 — Bougeoir en ancienne porcelaine de Chine de la famille verte, décor à paysages; monture en bronze doré.

154 — Coupe en ancienne porcelaine de Chine de la famille rose, décorée par compartiments de médaillons à paysage, fleurs, oiseaux et figures; encadrée de carrelages dits mosaïque clathrée; monture en bronze doré à fleurs et feuillages détachés.

Haut., 15 cent.

155 — Deux jolies aiguières de forme persane en ancienne porcelaine de Chine, décor à fleurs et médaillons en bleu sur blanc. Montures en argent.

Haut., 31 cent.

156 — Très curieuse garniture composée de cinq pièces : brûle-parfums, deux chimères formant flambeaux et deux vases en ancienne porcelaine de Chine, décor en émaux de couleur. Monture en bronze doré.

Hauteur des vases, 17 cent.; hauteur des chimères, 29 cent.

157 — Coupe à ombilic en ancienne porcelaine de Chine, fond vert avec médaillons, forme feuilles, réservés en blanc, décor à fleurs et insectes en couleur rehaussé d'or; monture en bronze doré. Style rocaille.

Haut., 15 cent.; diam., 37 cent.

158 — Paire de grands vases en porcelaine de Chine, représentant des assemblées de mandarins et des scènes familières; montures en bronze noirci et frotté rehaussées d'or par parties, style bambou, enguirlandées de fleurs.

Haut., 85 cent.

159 — Paire de grandes lampes formées de vases en porcelaine de Chine, fond rouge haricot; montures en bronze doré. Style chinois.

Haut., 90 cent.

160 — Paire de lampes formées de grands vases en porcelaine de Chine, fond jaune: montures en bronze noirci et frotté.

Haut., 90 cent.

161 — Coupe en ancienne porcelaine de Chine de la famille verte; monture en bronze doré à pieds et têtes de béliers. Style Louis XVI.

Diam., 40 cent.; haut., 20 cent.

162 — Deux coupes en ancienne porcelaine du Japon; montures à anses en bronze doré. Style Louis XVI.

Haut., 31 cent.; diam., 35 cent.

163 — Coupe en ancienne porcelaine de Chine, décor bleu sur blanc; monture en bronze doré à cariatides d'enfants et guirlandes de fleurs. Style Louis XVI.

Haut., 17 cent.; diam., 37 cent.

164 — Joli vase en ancienne porcelaine de Chine, pâte coquille d'œuf, fond bleu truité avec insectes et fleurs réservés en blanc et en relief, offrant sur chaque face un médaillon à personnages peints en émaux de couleur. Monture en argent.

Haut., 20 cent.

165 — Deux bouteilles en vieux céladon bleu turquoise; monture en argent gravé et à chainettes. Style Louis XVI.

Haut., 27 cent.

166 — Deux petites bouteilles en vieux céladon bleu turquoise. Monture en bronze doré.

167 — Deux petites bouteilles de Chine, fond jaune impérial, décorées d'insectes et d'inscriptions de couleur à rehauts d'or.

168 — Petite jardinière en vieux céladon, fond bleu turquoise, monture en argent.

169 — Petite coupe de vieux Chine, décor capucine, intérieur à arabesques en bleu sur blanc. Monture en argent. Style Louis XIV.

170 — Flambeau en vieux Chine, décor polychrome rehaussé d'or; monture en bronze doré.

171 — Petit bougeoir en vieux Chine ; monture en bronze doré.

172 — Petit écran rond en vieux Chine, décor à jour ; pieds en bronze doré.

173 — Deux petites jardinières en vieux Chine, décor paysages sur fond gris ; montures en cuivre argenté.

174 — Vase curieux forme tronc en vieux Chine, décor bleu lapis soufflé. Monture en argent genre bambou.

175 — Joli flacon à quatre faces en ancienne terre de Bocaro, décor en relief, pied en bois, bouchon en argent.

176 — Deux petites tables - supports en ancienne porcelaine de Chine, de la famille verte, décor à personnages ; montures en bronze doré à têtes d'éléphants.

177 — Deux coupes de forme surbaissée en ancienne porcelaine de Chine, de la famille verte, décor à chimères, bordure à carrelages. Montures en bronze doré à têtes d'éléphants.

178 — Petite table-support en vieux Chine, de la

famille verte, décor paysage. Monture en bronze doré à tête d'éléphant.

179 — Coupe en vieux Chine, décor à poissons et plantes aquatiques. Monture en bronze doré.

180 — Deux beaux flacons carrés en vieux Chine, décor paysages et objets d'ameublement en émaux de la famille verte, avec bouchons en argent.

181 — Bol en ancienne porcelaine de Chine, famille verte, décor à fleurs et oiseaux. Monture en argent. Style Louis XIV.

PORCELAINES DIVERSES MONTÉES

182 — Grande cassolette ovale en ancienne porcelaine de Sèvres, pâte tendre, décor fond bleu turquoise, avec médaillons à sujets mythologiques et guirlandes de fleurs. Monture en bronze doré à rocailles, feuillages et fleurs. Style Louis XV.

Haut., 27 cent.

183 — Coupe en ancienne porcelaine de Saxe, décor à fleurs, bordure gaufrée. Monture en bronze doré.

Haut., 17 cent.; diam., 35 cent.

PORCELAINES DE CHINE ET DU JAPON, NON MONTÉES

184 — Grosse potiche avec couvercle en ancienne porcelaine du Japon, forme à pans, riche décor à fleurs et oiseaux, frises et arabesques, col à carrelages en polychrome rehaussé d'or.

Haut., 70 cent.

185 — Joli vase en ancienne porcelaine de Chine, qualité rare, décoré de rosaces, de lambrequins et de fleurs en émaux de couleur. Sur socle en bois sculpté.

Haut., 30 cent.

186 — Paire de vases cylindriques en porcelaine de Chine, décor à paysage en bleu sur blanc.

Haut., 45 cent.

187 — Cornet en ancien céladon bleu turquoise, flambé et truité.

Haut., 34 cent.

188 — Beau vase en ancienne porcelaine de Chine, fond gros bleu rehaussé de fleurs et de papillons en émaux de couleur.

Haut., 50 cent.

189 — Bouteille en porcelaine de Chine, fond vert réséda.

Haut., 35 cent.

190 — Paire de très belles bouteilles en ancienne porcelaine de Chine, fond bleu barbot, rehaussées de pêchers fleuris et d'oiseaux en émaux de couleur.

Haut., 43 cent.

191 — Fontaine tripode avec anse et couvercle en ancienne porcelaine du Japon, décor en relief et en polychrome à rehauts d'or, représentant des scènes familières.

Haut., 40 cent.

192 — Torchère de pagode, en porcelaine de Chine, fond rose, riche décor à rosaces et entrelacs en émaux de couleur.

Haut., 42 cent.

193 — Boite rectangulaire dite à *grillons*, à jour décor à figures dans un paysage.

Long., 20 cent.

194 — Très curieuse potiche en ancienne poterie coréenne, époque primitive, décor en relief représentant des arbustes avec rosaces, des cigognes et des papillons, en émaux jaunes et violacés sur fond vert; autour de la gorge se détachent six anneaux à jour.

Haut., 61 cent.

195 — Beau vase en ancienne porcelaine de Chine, de la famille verte, riche décor à cortège de

cavaliers avec étendards déployés, frise à carrelages et col à paysages. Sur socle en bois.

Hauteur totale, 50 cent.

196 — Paire de jolies potiches avec couvercles en vieux Chine, de la famille verte, décor à fleurs, feuillages et entrelacs au milieu desquels se jouent des enfants. Sur socles en bois sculpté.

Hauteur totale, 35 cent.

197 — Très belle bouteille décor aubergine flambée; sur socle en bois sculpté.

Hauteur totale, 46 cent.

198 — Paire de belles potiches avec couvercles en ancienne porcelaine de Chine, décor à cartels de fleurs en émaux de couleur réservés sur fond blanc, se détachant sur le fond capucine.

Haut., 40 cent.

199 — Deux jolis flacons carrés en ancienne porcelaine du Japon, décor en bleu et rouge à paysage.

Haut., 26 cent.

200 — Deux porte-bouquets en ancienne porcelaine de Chine, forme carpes, décor polychrome.

Haut., 24 cent.

201 — Jardinière forme dite *cul-de-poule*, en ancienne porcelaine de Chine, de la famille rose, décorée d'objets d'ameublement ; sur socle en bois sculpté.

Hauteur totale, 28 cent.

202 — Coupe en porcelaine de Chine, couleur rouge flambé ; montée sur un joli socle en bois noir finement sculpté à jour.

Hauteur totale, 36 cent.; diam., 31 cent.

203 — Jardinière en ancienne porcelaine de Chine, décorée de personnages et d'animaux dans un paysage ; socle en bois tourné.

Hauteur totale, 36 cent.

204 — Paire de belles potiches avec couvercles en ancienne porcelaine de Chine fond vert gravé, semé de bouquets de fleurs avec médaillons de formes variées, représentant des scènes à personnages en émaux de couleur.

Haut., 43 cent.

205 — Très beau vase en ancienne porcelaine de Chine de la famille rose, représentant, autour de la panse, des chimères se débattant dans les flots de la mer, et, autour du col, des oiseaux dans les nuages.

Haut., 43 cent.

206 — Grande et belle vasque en ancienne porcelaine de Chine, décor bambou.

Haut., 36 cent.; diam., 60 cent.

207 — Deux beaux cornets en ancienne porcelaine de Chine, décor bleu fouetté à rehauts d'or, représentant des paysages avec fleurs et oiseaux.

Haut., 46 cent.

208 — Beau vase en ancienne porcelaine de Chine, gris craquelé.

Haut., 35 cent.

209 — Jardinière, forme dite *cul-de-poule*, en ancienne porcelaine de Chine fond bleu à fleurs de pêcher, avec médaillons fond blanc réservé, représentant des objets d'ameublement en bleu : sur socle en bois à jour.

Hauteur totale, 22 cent.

210 — Jolie jardinière à panse cintrée, en ancienne porcelaine de Chine de la famille rose ; riche décor à fleurs et branchages en émaux de couleur, sur fond gros bleu : socle en bois à jour.

Haut., 20 cent.

211 — Jolie bouteille, dite gargoulette, avec son bassin en ancienne porcelaine de Chine de la famille rose, riche décor de fleurs et kakémonos avec animaux.

Hauteur totale 29 cent.

212 — Paire de potiches de forme surbaissée, en ancienne porcelaine de Chine, l'une fond vert, l'autre fond jaune, à fleurs, avec médaillons aux couleurs opposées, représentant des caractères; socles et couvercles en bois sculpté à jour.

Haut., 25 cent.

213 — Jolie vase de forme lobée, en ancienne porcelaine de Chine, décor dit flambé; sur socle en bois.

Haut., 25 cent.

214 — Vase en ancienne porcelaine de Chine fond bleu, semé de fleurs et de feuillages, avec médaillons réservés à fond blanc; sur socle en bois.

Hauteur totale, 40 cent.

215 — Vase forme gourde, avec anse à jour, en porcelaine de Chine, décor bleu soufflé.

Haut., 24 cent.

216 — Vase avec anses à jour, en ancien céladon, décor bleu turquoise; sur socle en bois finement sculpté.

Hauteur totale, 35 cent.

217 — Coupe forme fruit, décor aubergine, avec feuillages en relief.

Haut., 10 cent.: diam., 20 cent.

218 — Vase cylindrique en porcelaine de Chine, décor rouge haricot.

Haut., 42 cent.

219 — Paire de vases en porcelaine de Chine, col chiffonné, décor à mandarins et autres personnages.

Haut., 46 cent.

220 — Paire de jolis vases en vieux Satzuma, décor à fleurs et feuillages en couleur rehaussée d'or, avec anses à têtes d'éléphants.

Haut., 45 cent.

221 — Paire de vases en porcelaine de Chine de la famille verte, riche décor représentant des assemblées de mandarins et des personnages dans des jardins.

Haut., 45 cent.

222 — Très grand plat forme poisson, en porcelaine de Chine, décor en bleu, avec attache en argent.

Long., 1 mètre.

223 — Potiche en ancienne porcelaine de Chine, avec couvercle, décor à fleurs et lambrequins en bleu sur blanc.

Haut., 45 cent.

224 — Potiche avec couvercle, en ancienne porce-

laine de Chine, décor à paysages par compartiments, en bleu sur blanc.

Haut., 52 cent.

225 — Paire de vases de Chine, fond gris craquelé, décorés de personnages et de cavaliers en couleur.

Haut., 62 cent.

226 — Paire de vases de Chine, fond brun craquelé, avec frises et anses bronzées.

Haut., 36 cent.

227 — Deux jolies appliques forme gourde, en ancienne porcelaine de Chine, décor à dessins : grecques en rouge, à rehauts d'or, avec cordelières vertes.

Haut., 35 cent.

228 — Paire d'appliques forme gourde, en ancienne porcelaine de Chine fond rouge, à dessins : grecques rehaussées d'or, avec cordelières vertes.

Haut., 35 cent.

229 — Vase de forme aplatie, en ancienne porcelaine de Chine, décoré de médaillons : vues de villes, avec figures sur fond à carrelages ; le tout rehaussé d'or.

Haut., 30 cent.

230 — Bol en porcelaine de Chine fond rouge,

dessin à rehauts d'or, médaillons à paysages réservés, sur fond blanc; socle en bois. Belle qualité.

Haut., 12 cent.

231 — Petite jardinière en vieux céladon bleu turquoise; socle en bois.

Haut., 11 cent.

232 — Écuelle avec couvercle, en ancienne porcelaine de Chine de la famille verte, décor à paysages et chimères.

233 — Bol de Chine, fond brun, dessin à rehauts d'or; socle en bois.

234 — Sucrier en vieux Japon, décor à fleurs par compartiments.

235 — Canard de Chine, décor polychrome.

236 — Coupe de forme surbaissée, décor céladonné et craquelé.

Diam., 34 cent.

237 — Deux petits plateaux de la famille rose, riche décor à rosaces et parterres de fleurs.

238 — Grand bol en ancienne porcelaine de l'Inde, décor à corbeille de fleurs rehaussé d'or.

Diam , 26 cent.

239 — Paire de vases de Kioto, décor à personnages.

Haut., 30 cent.

240 — Bol de Kanga, décor à personnages et ornements rouge et or.

241 — Plateaux céladonnés et craquelés.

242 — Deux petits groupes : Femme et Enfant, de Chine, décor bleu.

243 — Trois petites coupes en vieux Satzuma, décor en relief.

244 — Garniture mignonnette de cinq pièces, en vieux Chine de la famille rose, décor à fleurs.

245 — Petite chimère en vieux céladon.

246 — Beau plat en vieux Japon, décor à rosaces et médaillons à paysages en polychrome rehaussé d'or.

Diam., 40 cent.

247 — Beau plat en vieux Japon, décor à corbeilles de fleurs, avec marli à carrelages dorés.

Diam., 43 cent.

248 — Beau plat en vieux Japon, décor à paysages avec marli à guirlandes de fleurs et bordures, rehaussés d'or.

Diam., 44 cent.

249 — Grand compotier en vieux Chine, décoré au centre d'un animal courant, sur fond à carrelages rouge et vert, le tout rehaussé d'or.

Diam., 32 cent.

250 — Plat rond en vieux Chine de la famille rose, décor représentant, au centre, deux femmes, l'une assise, l'autre à genoux, bordure à fleurs; le tout rehaussé d'or.

Diam., 32 cent.

251 — Beau plat en vieux Chine, famille rose, décor à fleurs, marli à carrelages.

Diam., 38 cent.

252 — Beau plat en vieux Japon, décor à paysages, avec balustrade en bleu, rouge et or.

Diam., 38 cent.

253 — Deux plats en vieux Japon, représentant au centre des paysages avec balustrades et tout autour des cartouches de terrain avec arbres et fleurs en bleu, rouge et or.

Diam., 37 cent.

254 — Plat rond en vieux Japon, décoré au centre d'un paysage, bordure à fleurs et cartouche de terrain.

Diam., 32 cent.

255 — Plat en vieux Japon, décor à la pagode en bleu, rouge et or.

Diam., 35 cent.

256 — Plat en vieux Chine, décoré au centre d'un paysage avec fleurs et oiseaux, bordure à fleurs et entrelacs.

Diam., 37 cent.

257 — Plat en vieux Japon, décoré au centre d'un vase de fleurs, riche bordure à fond bleu et fond d'or, semé de fleurs.

Diam., 36 cent.

258 — Plat en vieux Japon, décor à paysages et animaux, rehaussé d'or.

Diam., 40 cent.

259 — Plat en vieux Chine, famille rose, décor à fleurs avec bordure à rinceaux.

Diam., 36 cent.

260 — Plat en vieux Chine, famille rose, décor à médaillons de fleurs, avec bordure à lambrequins.

Diam., 35 cent.

261 — Plat en vieux Chine, famille rose, décor à fleurs au centre et bordure à lambrequins, semés de fleurs.

Diam., 36 cent.

262 — Deux plats en vieux Chine, décorés de paysages à la pagode.

Diam., 38 cent.

263 — Plat en vieux Chine, famille rose, décor à paysages et fleurs.

Diam., 35 cent.

264 — Grand plat en vieux Chine, décor à semis de fleurs, blanc sur blanc, le tout rehaussé d'or.

Diam., 38 cent.

265 — Deux autres plats, même décor.

Diam., 35 cent.

266 — Deux autres plats, même décor.

Diam., 30 cent.

267 — Plat en vieux Japon, décor à semis de fleurs et feuillages, à rehauts d'or.

Diam., 38 cent.

268 — Deux compotiers en vieux Chine, famille rose, décor à paysages et fleurs.

Diam., 25 cent.

269 — Cinq belles assiettes en vieux Chine, famille verte, représentant des guerriers offrant des fleurs à une dame. Bordures à carrelages vert et rose, semés de fleurs et entrecoupés de médaillons à paysage.

270 — Deux jolies assiettes de la famille rose, offrant au centre des jardinières chargées de fleurs et sur la bordure des carrelages semés de fleurs, entrecoupés de médaillons.

271 — Trois compotiers en vieux Japon, décor à fleurs.

272 — Deux assiettes en vieux Chine, offrant au centre des coupes chargées de fruits, marli à pointillé et fleurs, bordure à trophées, le tout rehaussé d'or.

273 — Six assiettes en vieux Chine de la famille verte, décor à paysages et oiseaux.

274 — Quatre assiettes en vieux Japon, riche décor à fleurs et jardinières, à rehauts d'or.

275 — Deux assiettes de la famille rose, décor à pêchers et pivoines.

276 — Assiette creuse en vieux Chine, décor à fleurs et cartouches de terrain.

277 — Assiette en vieux Chine, décor paysage avec cavaliers en bleu.

278 — Compotier en vieux Chine, décor bleu fouetté avec médaillon réservé à fond blanc.

279 — Assiette en vieux Chine, décor bleu fouetté, à rehauts d'or.

280 — Assiette en vieux Chine, offrant au centre une jardinière chargée de fleurs.

281 — Compotier en vieux Chine, décor paysage à la pagode.

PORCELAINES DE SÈVRES, DE SAXE ET AUTRES

282 — Jolie écuelle avec couvercle et plateau en ancienne porcelaine de Sèvres, pâte tendre, ornée d'anses à jour, décor à rehauts d'or.

283 — Grande et belle soupière élevée sur quatre pieds, avec couvercle et plateau, forme rocaille avec coquilles en relief, en ancienne porcelaine de Saxe, décor à fleurs et oiseaux.

284 — Petite pendule cartel en ancienne porcelaine de Saxe, décor à rocailles, rehaussée d'or et médaillons à paysages avec figures.

285 — Écuelle avec couvercle et plateau en ancienne porcelaine de Saxe, décor à fleurs, bordure rehaussée d'or.

286 — Sucrier avec couvercle en vieux Saxe, décor à fleurs.

287 — Plateau forme feuille et fleur en vieux Saxe.

288 — Deux corbeilles en ancienne porcelaine de Charles Théodore, décor vannerie avec fleurs au fond.

289 — Paire de seaux forme à rocailles en ancienne porcelaine de Vienne, décor à fleurs.

290 — Jardinière oblongue élevée sur quatre pieds en vieux Saxe, décor à fleurs et coquilles, partie en relief.

291 — Grande théière forme d'arrosoir en ancienne porcelaine de Saxe, décor à fleurs.

292 — Très beau tête-à-tête en ancienne porcelaine de Saxe, forme pur rocaille, composé d'un grand plateau avec compartiments à coquilles pour chaque pièce, une cafetière, une chocolatière, une théière, un sucrier et deux tasses avec soucoupes, décor à cartels de fleurs avec encadrements violacés et rehaussés d'or.

293 — Deux compotiers en ancienne porcelaine de la Courtille, décor à bouquets de roses et fleurs des champs.

294 — Plat en vieux Saxe, décor à jetées de fleurs et insectes.

295 — Support en vieux Saxe, forme à rocaille, décor à rehauts d'or.

296 — Boite à thé en vieux Saxe, forme à pans, décor médaillons à personnages en camaïeu violet et ornements à rehauts d'or.

297 — Paire de jolis petits vases en ancien Wedgwood, décor représentant une ronde de nymphes avec anses à têtes de faunes.

298 — Plateau forme à coquilles en Capo di Monte, décor à fleurs.

299 — Petite écuelle avec couvercle et plateau en porcelaine de Dresde, décor vue de ville maritime animée de nombreux petits personnages.

300 — Écritoire en porcelaine de Dresde, décorée de médaillons, scènes maritimes, fond semé de fleurs.

301 — Plateau ovale, même porcelaine, décor sujet Watteau, bordure à jour.

302 — Deux petits brûle-parfums en porcelaine d'Allemagne, décor à fleurs en relief.

303 — Compotier à bords côtelés en porcelaine de Saxe, décor fleurs et fruits.

304 — Compotier carré de Saxe, bordure gaufrée, décor à fleurs.

305 — Deux belles assiettes en porcelaine de Vienne, décor à sujets mythologiques avec bordures, l'une fond rose, l'autre fond marron, riche décor à rehauts d'or.

306 — Tasse trembleuse avec soucoupe et couvercle en porcelaine de Vienne, décorée de médaillons à sujets mythologiques, fond gros bleu, richement rehaussée d'or.

307 — Tasse forme ovoïde avec soucoupe et couvercle en porcelaine de Vienne, fond rose, bordure jaune et rehauts d'or à médaillons à sujets mythologiques.

308 — Deux tasses avec soucoupes en vieux Minton, décor à paysage.

309 — Tasse forme ovoïde avec soucoupe et couvercle de Saxe, fond gros bleu avec médaillon à sujet champêtre; le tout rehaussé d'or.

310 — Cendrier en porcelaine de Dresde, fond gros bleu, médaillon, paysage avec cavaliers.

311 — Petite tasse et soucoupe de Dresde, décorées de médaillons, sujets maritimes et entre-deux à carrelages.

312 — Deux très petites corbeilles en porcelaine de Saxe, décorées de fleurs en relief.

313 — Deux petites jardinières de Dresde, forme bacs, décor, sujets champêtres sous des bosquets.

314 — Tasse trembleuse avec soucoupe à galerie et couvercle de Berlin, fond d'or, médaillons à sujets de chasse.

315 — Deux vases dits *pots pourris* de Dresde, décor à bouquets de fleurs en bleu et or.

316 — Deux petites jardinières de Dresde, décor à bouquets de fleurs.

317 — Deux petites coupes de Saxe, décor à fleurs.

318 — Bougeoir de Dresde, décor à fleurs et médaillons : port de mer.

319 — Tasse à deux anses avec soucoupe d'Allemagne, décor à médaillons : scènes maritimes et fleurs.

320 — Deux petits bacs d'Allemagne, décor à fleurs.

321 — Porte-bouquet de Dresde, décor à médaillons : scènes maritimes et fleurs.

322 — Deux petits plateaux forme feuilles, décor à fleurs.

GROUPES ET FIGURINES

323 — Beau groupe de quatre figures en ancienne porcelaine de Saxe : la Cueillette des pommes.

324 — Joli groupe de cinq figures d'enfants représentant les cinq Sens.

325 — Groupe de deux figures en ancienne porcelaine de Saxe, allégorie d'un fleuve et de la pêche.

326 — Groupe de trois figures en ancienne porcelaine de Saxe, représentant les Petits Marchands.

327 — Beau groupe en ancienne porcelaine de Saxe, allégorie de la Maternité, sur socle à quatre faces rehaussé d'or.

328 — Figurine en vieux Saxe : le Chasseur.

329 — Figurine en vieux Saxe : l'Orientale.

330 — Figurine en vieux Saxe : un Personnage de la Comédie italienne.

331 — Figurine en vieux Saxe : un Amour.

332 — Deux grandes figurines en vieux Vienne : Vendangeur et vendangeuse.

333 — Groupe en vieux Vienne : Taureau et Chien combattant.

IVOIRES — MATIÈRES PRÉCIEUSES — LAQUES

334 — Joli pot à tabac en ivoire finement sculpté, représentant des personnages conduisant un bœuf, d'autres trainant une tortue, ou portant des fagots dans un paysage mouvementé. Travail japonais. Monture en cuivre repoussé et doré, exécuté dans le même goût. Le couvercle est surmonté d'un tigre couché.

Haut., 30 cent.

335 — Petit plateau rond en jade blanc.

336 — Petit plateau oblong en jade blanc.

337 — Jolie boite rectangulaire en bois de Teck, ornée d'applications de burgau, de pierres dures et d'ivoire peint représentant des paysages, des fleurs et des fruits.

338 — Suite de huit petits verres à liqueurs avec soucoupes forme jonques en cristal de roche finement évidé. Travail japonais.

339 — Deux petits vases forme hexagonale en cristal de roche ; monture en argent.

340 — Verre de Venise, violet et gravé, avec pied en argent.

341 — Boite en ancienne laque fond noir, décor paysage à rehauts d'or.

342 — Boite à gants en laque fond noir poudré avec paysages à figures rehaussés d'or.

343 — Jolie table surbaissée en ancienne laque fine du Japon, représentant dessus les flots de la mer à rehauts d'or avec bandeau à carrelages et piétement fond noir rehaussé d'or et de nacre.

344 — Deux boites à gants en laque du Japon, fond noir, rehaussées d'or, à fleurs et feuillages.

345 — Plateau oblong en laque fond noir du Japon, rehaussé de branches de fleurs d'or.

346 — Très bel encrier en laque de Coromandel, décor arbres et fleurs, orné d'un petit candélabre adhérent à deux branches, formé d'une figurine de Chinoise en bronze ancien, jolie patine avec costume laqué rouge. Monture en bronze finement gravé et doré dans le style chinois.

347 — Deux beaux panneaux en laque aventurine du Japon, décorés de personnages dans des paysages à rehauts d'or avec têtes en ivoire.

FAIENCES

348 — Coupe à ombilic en faïence d'Urbino, représentant : *Un roi sur son trône rendant la justice*, XVIe siècle, avec cadre en bois sculpté noir et doré.

349 — Plat en faïence de Ginori, décor à médaillons, cavaliers, bordure en relief à reflets métalliques. Cadre en bois sculpté noir et doré.

350 — Plaque rectangulaire en faïence de Castelli, décor allégorie du Printemps. Cadre en bois noir à filets d'or.

351 — Plat de Castelli, sujet mythologique. Cadre en bois noir et or.

352 — Coupe sur piédouche en faïence d'Urbino, décor raphaélesque. XVIIe siècle.

353 — Plat rond en faïence de Savone, décor représentant le Christ, avec bordure à encadrement. XVIIe siècle.

354 — Deux aiguières de pharmacie en faïence d'Urbino, décor à armoiries, amours et guirlandes.

355 — Curieuse gourde en faïence italienne, formée de deux cariatides de femmes accouplées. XVIIe siècle.

356 — Petit pot en grès brun, monture en étain.

357 — Petit plateau ovale en faïence de Savone, décor paysage, bordure violette en relief.

358 — Plat rond en faïence de Savone, décor paysage, bordure violette en relief.

359 — Coupe en faïence de Venise, fond bleu, décor à armoiries et petits dessins.

360 — Petite jardinière en faïence de Perse, décor bleu.

361 — Aiguière forme casque, en faïence de Moustiers, décor bleu à petits dessins.

362 — Groupe de trois figures en faïence de Niderwiller : Allégorie de l'Automne.

363 — Pendule forme cartel, décor à rocaille, surmontée d'une figure du temps, en faïence de Delft, décor polychrome.

364 — Aiguière avec bassin, en faïence de Marseille, décor dit *feuille de choux* à fleurs.

365 — Grande et belle fontaine monumentale, avec bassin de forme lobée, en faïence de Marseille, représentant, sur la façade, le char d'Amphitrite, groupe se détachant en ronde bosse, sur les côtés et dessous des bouquets de fleurs détachés. Montée sur une console d'applique en bois sculpté et rehaussé d'or.

Haut., 1 m. 95 cent.; larg., 70 cent.

366 — Grande colonne en faïence de Marseille, décor marbré avec bandes représentant des nymphes dansant, en grisaille sur fond bleu lapis, supportant une corbeille de fruits en relief, décor polychrome.

367 — Beau plat en faïence hispano-arabe, à reflets métalliques.

MARBRES

368 — Deux belles statuettes en marbre blanc : *petits faunes*. Sur socles en marbre bleu turquin.

Haut., 57 cent.

369 — Deux beaux bustes en marbre polychrome : Nègre et Négresse, sur socle en marbre jaune de Sienne antique.

Haut., 70 cent.

370 — Deux très belles gaines en marbre vert campan, ornées de guirlandes de laurier en bronze ciselé et doré. Style Louis XVI.

Haut., 1 m. 32 cent.

371 — Deux très belles gaines en marbre veiné des Pyrénées, ornées de guirlandes de laurier en bronze ciselé et doré.

Haut., 1 m. 32 cent.

372 — Buste de femme en marbre blanc : *Sainte N'y Touche*, par Mme Halévy.

Haut., 50 cent.

373 — Belle cheminée en ancien marbre de Sicile, sculpté à rosaces et consoles.

Larg., 1 m. 50 cent.; profond., 40 cent.; haut., 1 m. 10 cent.

374 — Jolie cheminée en marbre blanc sculpté, ornée de sculptures, dessins Louis XVI.

Larg., 1 m. 50 cent.; profond., 40 cent.; haut., 1 m. 10 cent.

375 — Belle cheminée en marbre rouge veiné, ornée de sculptures à coquilles et consoles, avec larges moulures saillantes, forme cintrée. Style Louis XIV.

Larg., 1 m. 60 cent.; profond., 38 cent.; haut., 1 m. 12 cent.

TERRES CUITES

376 — Deux jolies statuettes : Faune et Bacchante. Terres cuites signées *Clodion*.

OBJETS DE VITRINE

377 — Grande boite carrée en ancienne porcelaine de Saxe, décorée de scènes de combat ; monture à charnières en cuivre doré.

378 — Boite carrée de Saxe, décorée de médaillons à sujets guerriers, avec portrait de femme à l'intérieur ; monture à charnières en cuivre.

379 — Boite rectangulaire de Saxe, décor à semis de fleurs et rocailles ; monture à charnières, à griffes en cuivre.

380 — Petit flacon, forme vase de Saxe, anses à têtes de béliers ; monture en argent doré.

381 — Bel émail ovale, portrait de femme en extase, costume de vestale, attribué à Courtois. Cadre en bronze doré.

382 — Boite en vernis de Brunswick, décor fond brun et Amours en grisaille.

383 — Cassolette en vernis de Brunswick, fond rouge, sujet amour en grisaille montée en or.

384 — Cassolette en vernis de Brunswick, fond orange, décor amour en grisaille ; monture or.

385 — Miniature ovale sur ivoire, portrait de jeune femme en costume décolleté, avec guirlandes de fleurs.

386 — Deux boucles en stras, monture argent. Époque Louis XVI.

387 — Petit poignard en argent niellé et filigrané. XVIIe siècle.

388 — Boite cintrée de Saxe, décorée de sujets maritimes, avec portrait d'homme à l'intérieur; monture à charnières et griffe, avec pierreries.

389 — Navette en vieux Saxe, décor à fleurs.

390 — Tête de pipe forme chien en vieux Saxe; monture argent.

391 — Pomme de canne forme crosse d'évêque en Saxe, décor rocailles et fleurs.

392 — Étui en vieux Saxe forme asperge; monture en or.

393 — Pomme de canne de Saxe, décor à guirlandes de fleurs.

394 — Pomme de canne en émail, garniture argent.

395 — Boite en vernis de Brunswick, fond rouge, décor sujet en grisaille.

396 — Boite en vernis de Brunswick, fond brun décor enfants en grisaille.

397 — Miniature ovale : portrait de femme coiffée d'un bonnet enrubanné.

398 — Peinture ovale sur cuivre : portrait d'homme. Époque Louis XIII.

399 — Demi-parure en argent filigrané et pierreries.

400 — Paire de très grandes boucles d'oreilles en cailloux du Rhin. Époque Louis XVI.

401 — Paire de boutons d'oreilles ornés d'aigues-marines. Époque Louis XVI.

402 — Paire de boutons d'oreilles en stras ; monture argent. Louis XVI.

403 — Agrafe : peinture en grisaille, entourage de stras. Louis XVI.

404 — Boite oblongue de Saxe, décor à fleurs et rocailles.

405 — Bonbonnière ronde à charnières, de Saxe, décor à fleurs.

406 — Boite de Saxe, forme tête de chien.

407 — Parure, travail filigrane, enrichi de pierreries.

composée d'un collier, un bracelet, un peigne, une broche et une paire de pendants d'oreilles.

408 — Broche forme papillon, en filigrane et pierreries.

409 — Demi-parure en émail peint ; monture enrichie de pierreries.

410 — Agrafe de manteau en argent doré et repercé. Style Louis XIII.

411 — Grande et belle miniature : portrait de Guichard le poète de la Bourgogne.

412 — Petite cassolette en agate ; monture argent doré.

413 — Petit flacon en agate ; monture argent doré,

414 — Miniature ronde sur ivoire : portrait de paysanne.

415 — Miniature ovale : portrait de femme en robe bleue. Époque Louis XV.

416 — Petit médaillon avec miniature : portrait d'homme. Époque Louis XIII.

417 — Bonbonnière en ivoire avec dessin : portrait d'homme sur le couvercle.

418 — Bonbonnière en poudre d'écaille sculpté. Travail chinois.

ARGENTERIE

419 — Écuelle avec plateau et couvercle, anses plates à jour en argent. Louis XV.

420 — Paire de petits flambeaux en argent. Époque Louis XIV.

421 — Petite coupe ovale sur quatre pieds, bordure repoussée en argent. Louis XVI.

422 — Soupière avec couvercle en argent. Époque Empire.

423 — Moutardier en argent, modèle au cygne, Époque Empire.

424 — Paire de flambeaux en argent. Style Campana, premier Empire.

ARMES — OBJETS DIVERS — VITRAUX

425 — Paire de beaux pistolets anciens garnis d'argent, doré, gravé et niellé. Travail d'Orient.

426 — Grand pistolet richement garni d'argent, bois incrusté de cuivre avec canon à inscription et deux cachets. Travail ancien d'Orient.

427 — Beau yatagan à lame de damas avec fourreau et poignée en argent repoussé et gravé enrichis de grandes turquoises et de grenats. Travail ancien d'Orient.

428 — Tronçon d'épée avec garde en fer gravé, poignée et quillons droits.

429 — Plat en cuivre repoussé avec médaillon au centre, portrait de gentilhomme. Bordure à fruits et armoiries.

430 — Plat en cuivre repoussé avec sujet allégorique au centre. Un ange, un lion et un aigle ; bordure à arabesques.

431 — Plat en cuivre repoussé à ornements et inscriptions.

432 — Six vitraux peints et armoriés.

433 — Objets non catalogués.

ÉTOFFES ET TAPISSERIES

434 — Remarquable garniture de lit en tapisserie au petit point, brodée d'argent, de laine et de soie, du temps de Louis XIV.

Elle se compose de trois bandeaux de ciel de lit, de deux grandes pentes, de trois bandeaux de tour du lit, d'un panneau de fond de lit.

Dessin à grands enroulements sur fond rouge avec médaillons à paysages. Vues de villes fortes, de châteaux ou de parcs. En outre, la garniture intérieure du lit avec le couvre-pieds en brocatelle verte richement encadrée de guirlandes de fleurs, et de rosaces en soie de couleur et en argent.

Ensemble rare, en bel état de conservation.

435 — Joli panneau de tapisserie d'après Téniers, représentant une Kermesse avec bordure de fleurs.

Larg., 2 mètres; haut., 2 m. 45 cent.

436 — Deux jolies tapisseries représentant des chasses aux sangliers. Époque Louis XV.

Première : larg., 3 m. 20 cent.; haut., 2 m. 85 cent.
Deuxième : larg., 2 10 cent.; haut., 2 m. 85 cent.

437 — Joli panneau de tapisserie, représentant une allégorie de la pêche, avec bordure en haut et en bas à fleurs et coquilles.

Larg., 2 m. 80 cent.; haut., 2 m. 10 cent.

438 — Deux cantonnières en tapisserie, dessin à guirlandes de fleurs et draperie relevées par des nœuds et des glands.

439 — Tapis de table en satin rouge, broché à grand ramage et parterre de fleurs. Louis XIV. Bordé de franges assorties.

440 — Grand et beau bandeau en velours rouge, richement brodé d'or à bouquets de fleurs et guirlandes. Époque Louis XIV.

Long., 5 m. 25 cent.; haut., 50 cent.

441 — Belle garniture de la Renaissance, pour sièges, composée de quatre grands panneaux, quatre petits, deux petits lambrequins et quatre coupes de bordures en satin crème, richement brodé d'or, d'argent et de soie, représentant des vases de fleurs encadrés de branches de vigne, de rinceaux et de feuillages.

442 — Belle portière en ancien velours de Venise, rouge, avec riches applications de bordures,

représentant, au centre, une armoirie surmontée d'une couronne et tout autour des branchages, des fleurs et des oiseaux, bordée d'un effilé rouge. XVIe siècle.

443 — Beau couvre-pieds en soierie verte, brochée à parterre de fleurs, bordée d'un effilé. Époque Louis XIV.

444 — Beau tapis de table en soie rouge, avec encadrement en satin vieil or, orné de broderies d'or, d'argent et soie, à écussons et arabesques. XVIIe siècle.

445 — Grand et beau panneau de tenture, en ancien velours de Venise, rouge, offrant au centre un blason avec collier d'ordre de la Toison d'Or, et tout autour des arabesques se terminant en têtes d'animaux, surmontés de couronnes, en broderies d'or, d'argent et de soie. XVIe siècle.

446 — Curieuse portière en applications et broderies sur fond de drap bleu à bordure rouge, représentant des médaillons à sujets allégoriques à la vie de Jésus et des Saints. XVIe siècle.

447 — Belle portière en soie bleue richement brodée de branchages de fleurs en soie de toutes nuances, bordure à arabesques et garnie d'un effilé, XVIIe siècle.

448 — Beau tapis de prière, riche dessin à fleurs et encadrement tout en broderie sur fond de velours noir. Travail oriental, XVIe siècle.

449 — Deux tapis en soierie rouge brochée à vases de fleurs et guirlandes.

450 — Très belle portière en velours violet à reflets, richement brodé de soies de toutes nuances, partie en haut-relief, représentant au centre une rosace à armoiries, en haut, en bas des groupes d'oiseaux se becquetant, et tout autour des suites d'ornements et d'arabesques.

451 — Deux grands panneaux de tenture en crêpe de Chine bleu brodé des deux côtés de soies de toutes nuances représentant des oiseaux et des branchages fleuris.

452 — Belle garniture en satin rouge richement brodé d'arabesques, de fleurs en soie multicolore, se composant de deux grands bandeaux, cinq petits bandeaux et un plafond, offrant au centre un oiseau aux ailes déployées. XVIIe siècle.

453 — Deux jolies pentes en brocart d'or, dessin en relief tissé d'argent. Époque Louis XVI.

454 — Beau devant d'autel et deux pentes en ancien damas rouge, dessin à grands ramages.

455 — Coupe de 18 mètres d'étoffe fond vert tissée d'argent à grand dessin. Style Renaissance.

456 — Coupe de 45 mètres, étoffe fond vert, lamée de cuivre à grand dessin. Style Renaissance.

457 — Douze pièces pour garnitures de sièges, en tapisserie au petit point sur fond en point de Hongrie, couleur crème, représentant des sujets mythologiques. Époque Louis XIII.

458 — Morceau carré en soierie jaune, bouton d'or broché et rayé, enguirlandé de fleurs.

459 — Jolie bande avec un morceau semblable en satin crème broché à bouquets de fleurs. Époque Louis XVI.

460 — Couvre-pieds en satin jaune, bouton d'or broché à riche dessin, fleurs et festons. Époque Louis XVI.

461 — Coupe de soie rayée et brochée, fond blanc et bouquets de fleurs. Époque Louis XVI.

462 — Grand dessus de divan en étoffe japonaise, fond marron, dessin bleu, avec rosaces en application dorées.

463 — Trois morceaux de lampas vert, dessin Louis XVI en blanc.

464 — Grand bandeau en soie crème, richement brodé de fleurs et rinceaux, grand dessin. Époque Louis XIV.

465 — Grand bandeau en satin gris perle broché à grands dessins. Louis XIV.

466 — Diverses pièces en velours et soierie.

467 — Beau panneau en tapisserie gothique, représentant Loth et ses filles, bordure sur deux côtés à guirlandes de fruits et de feuillages.

Long., 1 m. 90 cent.; haut., 2 mètres.

TABLEAUX

AVERCAMP

468 — *Le Partage du butin.*

BILLET

469 — *Joseph vendu par ses frères.*

Importante composition.

BONE

(WILLIAM, signé)

470 — *Portrait du miniaturiste anglais, par lui-même.*

En buste.

BOUCHER

(Attribué à)

471 — *Flore et Zéphir.*

472 — *Baigneuses.*

Deux panneaux décoratifs.

BLOEMAERT

(Signé et daté 1632)

473 — *Dame en riche costume Louis XIII, tenant un vase en or repoussé à la main.*

BRENET ET PESCHEUX

474 — *Scènes de jeux d'enfants.*

Grisailles.
Quatre dessus de portes avec cadres dorés à nœuds de rubans.

BRENET ET PESCHEUX

475 — *Scènes de jeux d'enfants.*

Grisailles.
Quatre dessus de portes.
Cadres dorés.

BRENET ET PESCHEUX

476 — *Scènes de jeux d'enfants.*

Grisailles.
Trois dessus de portes.
Cadres dorés.

BROCHARD

477 — *La Vierge des Sept-Douleurs.*

Pastel.

DELAROCHE

(PAUL)

478 — *Portrait d'un personnage en costume de l'époque de Louis XI.*

DESPORTES

(FRANÇOIS)

479 — *Homard, fruits et gibier posés sur une table.*

EISEN

480 — *Enfants jouant dans un parc.*

GAINSBOROUG

481 — *La maison de campagne du peintre, aux environs de Londres.*

GUTTMANN

(D'après Rembrandt)

482 — Beau portrait de jeune fille coiffée d'un grand chapeau.

HANDERSEN

483 — Très beau portrait de gentilhomme en riche costume, avec collerette de dentelle d'une finesse remarquable. Armoiries en haut à droite.

Signé et daté 1657.

HEINSIUS

484 — *Portrait de dame en costume Louis XVI, avec fleurs et perles dans les cheveux.*

HUET

(J. B.)

485 — *Vertumne et Pomone.*

486 — *Jeune berger délivrant une nymphe.*

Deux belles décorations formant pendants.

LAAR

(PIERRE VAN)

487 — *Animaux au repos et berger assis dans un paysage avec rochers.*

LAPORTE

(ÉMILE-HENRI)

488 — *La Vigne.*

Charmante composition allégorique, panneau décoratif.

LAPORTE

(ÉMILE-HENRI)

489 — *Le Sentier du chevreuil.*

LAPORTE

(ÉMILE-HENRI)

490 — *Le Hallebardier.*

LAPORTE

(ÉMILE-HENRI)

491 — *La Madeleine.*

Portrait de femme.

LAPORTE
(ÉMILE-HENRI)

492 — *L'Italienne.*

Portrait de femme.

LAPORTE
(ÉMILE-HENRI)

493 — *Farniente.*

LAPORTE
(ÉMILE-HENRI)

494 — *Souvenir de Samois.*

Deux aquarelles.

LATOUR
(Attribué à)

495 — *Portrait de jeune femme.*

En robe bleue décolletée et coiffure à la poudre.

LARGILLIÈRE

496 — *Portrait de dame en riche costume Louis XIV.*

LEDOUX

(Mlle)

497 — *Jeune femme en costume Louis XVI, assise sur un sofa.*

LELY

(Le Chevalier)

498 — *Portrait de jeune femme.*

Coiffée à la Ninon, en robe de brocart blanc, représentée de face et relevant gracieusement la manche de son bras gauche.

LEMOINE

499 — *Narcisse se mirant dans l'eau.*

MIGNARD

500 — *Portrait de dame, les cheveux poudrés.*

MONNOYER

(BAPTISTE)

501 — *Bouquet de fleurs dans un vase.*

OUDRY

(J. B.)

502 — *Renard en arrêt sur une couvée de faisans.*

503 — *Chien gardant du gibier et lévrier léchant un lièvre.*

504 — *Lévrier et épagneul gardant du gibier posé sur un tertre.*

505 — *Chien blanc quêtant un faisan et une perdrix.*

Ces quatre tableaux en pendant forment dessus de porte et sont richement encadrés.

PORBUS

(Le Vieux)

506 — *Portrait de Diane de Poitiers.*

RAOUX

507 — *Portrait de dame en costume Louis XIII, lisant une lettre qu'elle tient à la main.*

REMBRANDT

(D'après)

508 — *Portrait d'homme.*

SANTERRE

509 — *Jeune femme faisant de la dentelle.*

SNEYDERS

510 — *Fruits et légumes posés sur une table.*

VAN DER HELST

(Attribué à)

511 — *Portrait d'un savant assis devant ses livres.*

VANLOO

(MICHEL)

512 — *Portrait de Madame Favart en costume de sultane.*

513 — *Portrait de seigneur.*

Deux pendants.

VAN OS

514 — *Bouquet de fleurs dans un vase en terre cuite, posé sur une console de marbre.*

VERNET

(JOSEPH)

515 — *Vue des cascades de Tivoli.*

516 — Pendant du précédent.

VOS

(De)

517 — *Jeune Page fumant.*

ÉCOLE ANGLAISE

518 — *Guerrier près de monuments en ruines.*

Aquarelle.

ÉCOLE ANGLAISE

519 — *Dame en costume Louis XVI, assise dans un parc avec ses enfants.*

ÉCOLE FLORENTINE

520 — *Porte-étendard.*

Joli tableau en mosaïque avec cadre en cuivre doré. Ancien.

ÉCOLE VÉNITIENNE

521 — *Portrait d'un savant.*

www.ingramcontent.com/pod-product-compliance
Ingram Content Group UK Ltd.
Pitfield, Milton Keynes, MK11 3LW, UK
UKHW031929260826
14628UKWH00004B/1507

9 782329 546766